RÉPONSE

D'ONCLE JACQUES

A LA LETTRE AUX SAVOISIENS.

Par Monsu RUBIN, Avocat,

COMMISSAIRE DU GOUVERNEMENT DE LA RÉPUBLIQUE PRÈS LE TRIBUNAL
CIVIL DE MARSEILLE.

PARIS

IMPRIMERIE EDOUARD PROUX ET COMPAGNIE,

RUE NEUVE-DES-BONS-ENFANS, 3.

1848

RÉPONSE

D'ONCLE JACQUES

A LA LETTRE AUX SAVOISIENS.

PAR Monsu RUBIN, Avocat.

Commissaire du gouvernement de la République près le Tribunal de Marseille
(Bouches-du-Rhône).

Monsu,

Si ma main manie avec dextérité la bêche, la faulx et le trident, il n'en est pas de même d'une plume. Je ne sais ni lire ni écrire, ce qui n'empêche point que je ne sois très curieux de ma nature et d'être de gros en gros au courant de ce qui se passe. Mon voisin Boniface, marguillier de ma paroisse, m'a lu votre lettre aux Savoisiens. Tout en admirant la magnificence de votre langage, oncle Jacques n'a pu laisser sans réponse les doctrines que vous cherchez à propager en Savoie et l'opinion que vous prêtez si gratuitement à nos compatriotes. Oncle Jacques vient protester par quelques observations respectueuses qu'il dicte à son ami Boniface, pour vous être transmises dans le plus court délai.

Votre lettre, Monsu, commence par ces mots : « La fatale collision qui vient d'ensanglanter Chambéry a porté la désolation chez tous les Savoisiens répandus en France. » Vous auriez pu, Monsu, ajouter : Et chez tous les Savoisiens répandus en Savoie ; ils y sont en nombre assez respectable pour mériter, eux aussi, votre sollicitude. Mais, Monsu, à qui la faute ? à qui peut-on reprocher cette malheureuse collision qu'oncle Jacques déplore bien sincèrement ? A coup sûr, on ne peut

l'attribuer à nous autres campagnards. On ne supposera pas
que nous ayons dit à nos compatriotes que l'on chassait de
Lyon : Frères, revenez au pays, grossissez vos rangs d'anar-
chistes et de vagabonds, armez-vous tous et formez une bande
assez puissante pour détruire l'ordre établi en Savoie, pour
piller, saccager tout ce qui se trouvera sur votre passage, et ,
au besoin, pour massacrer vos pères, vos mères, vos frères et
vos sœurs, s'ils avaient le malheur de s'opposer à vos criminels
desseins. Non, nous n'avons pas dit, nous n'avons pu dire une
monstruosité semblable.

Oncle Jacques continue à vous citer : « Etranger à l'évènement, favorablement placé pour apprécier les éventualités de
l'avenir, enfant de cette Savoie à laquelle j'ai voulu donner
mon sang, concitoyens et frères, permettez que j'essaie de je-
ter un rayon de lumière sur cette situation que vous êtes peut-
être moins à portée de bien juger ; souffrez qu'ensuite je vous
donne les conseils dictés par mon vieux patriotisme. » Oncle
Jacques vous félicite, Monsu, que vous soyez resté étranger au
triste évènement de Chambéry ; mais il voit avec regret que
vous vous mettiez en peine des éventualités chimériques qui
n'arriveront que dans les régions fertiles de votre imagination.
L'avenir n'est ni à vous , ni à oncle Jacques, ni à d'autres ;
Dieu seul l'a dans sa main. Personne n'est assez bien placé
pour expliquer aujourd'hui les évènemens de demain. Croyez-
en oncle Jacques : si vous aimez la Savoie comme on aime une
mère et vos concitoyens comme des frères , dispensez-les de
vos conseils sermonneurs et ne prodiguez point inutilement
votre rayon de lumière dont ils n'ont que faire.

Vous dites encore : « Savoisiens, la liberté vous est chère,
on ne peut en douter après l'élan de votre enthousiasme à la
première annonce des réformes parties de Turin qui vous en
sevra si long-temps. A ce premier signal de votre émancipa-
tion, c'est au nom de cette liberté que vos compatriotes de
France, enivrés d'amour et de dévoûment pour la plus belle
des causes, exempts, j'en suis mille fois certain, des criminels
desseins qui leur sont imputés, se sont présentés dans leur pre-

mière patrie. Une subite irritation, un déplorable malentendu
ont pu seuls changer en une scène de sang une journée qui ne
devait être qu'une fête de famille. » Oui, Monsu, la liberté
nous est chère, nous l'aimons, la chérissons ; nous attachons
à son règne le plus haut prix ; nous sommes prêts, *ainsi que
nous venons d'en donner la preuve,* à sacrifier pour elle tout
notre bien et notre sang. S'il est vrai qu'elle se soit fait atten-
dre dans nos montagnes, il y aurait injustice d'en attribuer la
faute à Turin. Oncle Jacques se croit assez favorablement placé
pour être de l'avis de tous ceux qui attribuent ce retard à l'Au-
triche, qui a constamment garrotté, bâillonné l'Italie jusqu'à
l'apparition du grand Pie IX. Oui, Monsu, tout homme sincère, d'un jugement droit, reconnaîtra avec oncle Jacques
qu'il était impossible au Piémont de faire un pas en avant dans
les idées nouvelles, sans craindre d'être exterminé sous la mas-
sue du despotisme. Mais, lorsque Charles-Albert a pu voir un
point d'appui en Italie, a-t-il hésité à donner les réformes, à
proclamer la liberté? Bien plus, lorsque les intrigues des ca-
binets, même constitutionnels, dressaient des embûches au
grand pontife et voulaient l'effrayer, Charles-Albert ne lui a-
t-il pas crié : Courage !... et offert ses soldats en cas d'inva-
sion? Le roi de Piémont a tenu parole; lui, petit souverain de
4 millions d'habitans, il a déchiré avec son épée les traités de
1815, source intarissable de tant d'amers regrets de la part de
la France, et, dans ce moment même, il fait mordre la poussière aux satellites de la tyrannie qui depuis tant d'années in-
festaient l'antique et belle Italie.

Oncle Jacques reprend : Oui, nous aimons la liberté, mais
la liberté honnête, décente, la liberté pure de tout excès, la
liberté qui respecte les mœurs, la famille et la propriété, la
liberté qui fait aimer son prochain et chérir sa patrie : cette
liberté, nous l'avons en Savoie. Par un *malentendu déplorable,* voudriez-vous dire, Monsu, que notre pays désire appar-
tenir à la République française? Votre erreur serait grande,
car personne n'y songe. Mais pardon, si fait : les avocats, les
procureurs, les huissiers, qui ont gardé douce souvenance de

la domination française, semblables à ce médecin portugais qui qualifiait de temps prospère une époque d'épidémie affreuse. Mais, pour les paisibles habitans de nos champs, pour les modestes citadins de nos villes, pour tous ceux qui n'aspirent pas à brouter au ratelier gouvernemental, tout le peuple, soit riches, soit pauvres, vieux ou jeunes, tous enfin ne forment qu'un seul désir : rester Savoisiens et non devenir Français, ça coûte trop cher.

Vous vous scandalisez, vous vous fâchez presque, Monsu, de ce que nous aurions appelé ennemis *nos frères que la France chassait, ce qui doublait la patrie pour eux*. Cette phrase est belle sans doute, mais trop savante pour oncle Jacques ; néanmoins, il dira, à la place de ce qu'il aurait dû répondre s'il en avait compris le sens absolu, que lorsque des enfans rentrent au foyer paternel, ordinairement ils n'y reviennent pas par bandes armées, ne s'y font pas accompagner par l'écume d'une population étrangère (*les Voraces*). Non, Monsu, ce n'est pas le sabre au poing, ce n'est pas à coups de fusil qu'on vient dire bonjour à son vieux père, à sa vieille mère ! Non, jusqu'à présent, du moins, ça n'a pas été dans nos mœurs savoisiennes, et Dieu en soit loué !

A présent, vous devez être tranquilles sur le sort de ces insensés. La clémence royale n'a vu en eux que de pauvres niais qui n'ont été que l'instrument aveugle d'une tourbe d'ambitieux abjects qui taisent leurs noms et se cachent lâchement. En s'exprimant ainsi, Monsu, oncle Jacques n'entend point vous désigner : vous avez, vous, le courage de vos opinions ; mais ceux qui qualifient de *gens sans aveu, de misérables*, ceux qu'eux-mêmes ont poussés à faire l'échauffourée de Chambéry, ceux-là qui, dans le succès, se seraient posés en sauveurs de la patrie, quoiqu'ils en auraient été les Judas, n'auraient pas manqué d'étaler leur état de services clandestins pour obtenir des commissariats et des mandats à la députation, si confortablement rétribués. Oh ! pour ces vampires révolutionnaires, oncle Jacques n'a pas dans le cœur assez de dédain et de mépris. Vous vous trompez, Monsu, si vous croyez que le sentiment qui a présidé à cette expédition ridicule a quelque chose de commun avec les sentimens qui nous animent, vrai, bien vrai, il n'en est rien.

En doutez-vous ? eh bien ! méditez, méditez avec calme la réprobation unanime qu'a soulevé chez nous cette équipée. Vous vous abusez encore, Monsu, sur les chances de réussite des *nombreuses cohortes* dont vous nous donnez si obligeamment l'avis d'expédition. La Savoie tient à sa nationalité, elle ne se laissera pas imposer un gouvernement dont elle a fait pendant 23 ans une longue et trop douloureuse épreuve. Non, Monsu, forts de notre bon droit, de notre cause qui est celle du droit lui-même, nous ne nous laisserons point intimider par l'annonce fallacieuse *de ces légions qui partent du foyer ardent et pur de la Révolution*, non, encore une fois. Le pays est bien changé depuis que vous vivez à l'étranger ; à l'heure qu'il est, chaque habitant possède une arme à feu et de la poudre. Dans nos villes, nos vallées, jusque sur la crête de nos montagnes, se meuvent de nombreux bataillons de garde civique. L'amour de la patrie, de la vraie indépendance, en ferait des héros, si le territoire de la Savoie était envahi. Oui, Monsu, pas un de nous n'hésiterait à repousser l'oppression. Ceux qui voudraient nous imposer leurs idées par la force à mains armées, seraient plus que des barbares ; ce seraient des tyrans ; nous leur ferions accueil avec les balles de nos carabines et la pointe ferrée de nos fourches. Heureusement il n'en sera point ainsi. Ces *puissantes* et *nombreuses cohortes*, dont vous vantez *l'habileté* et nous faites entrevoir *les élémens de réussite*, nous arrivent. Jugez vous-même de notre surprise après avoir lu la description homérique que vous faites de ces redoutables colonnes ! Nous voyons arriver des femmes, des vieillards, des malades, des enfans en haillons, dans la plus triste misère, sauf quelques jeunes soldats dont le pétulant patriotisme se révèle par la crainte d'arriver trop tard dans les plaines de la Lombardie pour partager les travaux et la gloire de leurs frères. Si vous étiez témoin, Monsu, de l'accueil fraternel que nous faisons à nos malheureux compatriotes qu'on renvoie de Paris, vous en seriez touché; tout ce que le campagnard réserve dans sa cabane rustique, pour les grandes fêtes, leur est offert avec cette bonté de cœur qui a toujours caractérisé l'habitant de la Savoie, l'antique hospitalité savoyarde ne fut jamais plus touchante ni plus frugale. Ces malheureux sont heureux de revoir leur pays, ils oublient dans nos bras les menaces, les traitemens barbares dont ils ont été l'objet à Paris depuis *que le colosse ailé y répand son souffle puissant.* Mais tous ne nous reviennent pas... Ceux qu'on a jetés dans la Seine, assommés dans les rues... ceux-là nous ne les voyons point revenir... nous les pleurons, nous; vous, Monsu, vous n'en dites rien. Cela afflige oncle Jacques.

Quant à ce que vous dites de la République de 93, que vous comparez à un *soleil* vivifiant, il vous observera que c'est venir trop tôt faire l'éloge d'une époque de sang et de ruines, de terreur et d'extermination. Oh! Monsu, de grâce! ne rouvrez pas à plaisir dans nos familles des plaies si long-temps saignantes et non encore toutes cicatrisées, attendez que toute la malheureuse génération qui a eu le triste privilége de voir et de ressentir les effets de ce soleil, que vous appelez vivifiant, et nous d'abominable fléau, soit descendue dans la tombe; car, tant qu'il vivra un homme de ce temps-là, cet homme vous criera : Monsu! ou vous nous trompez, ou vous insultez audacieusement aux malheurs de votre pays et de l'humanité tout entière. Quoi! vous nous reprochez notre ingratitude pour cette néfaste époque qui ne fut prospère qu'à la hache du bourreau! Vraiment, c'est trop d'exigence; permettez qu'oncle Jacques s'honore de son ingratitude, lui. Vous venez bien vite aussi recommander à l'admiration votre jeune République! Attendez au moins qu'elle soit sortie de l'enfance, qu'elle soit en pleine virilité; ne ressemblez pas à ces parens que l'amour paternel aveugle au point de trouver beaux et remplis d'esprit, des enfans laids et stupides. Laissez parler ses actions, ses vertus, et, s'il y a lieu, vous viendrez étaler sous nos yeux la douceur de ses lois, la beauté de son règne.

Oncle Jacques tient à vous tranquilliser sur le mot révolution : il n'effraye plus personne en Savoie. Cependant il est bon de s'entendre ; oncle Jacques entend parler des révolutions qui s'opèrent par la tension d'un progrès continu, et qui ne coûtent d'autres sacrifices que des larmes de joie et de reconnaissance. Nous nous estimons heureux que la Providence ait doté notre pays d'une révolution pacifique qui protége, embrâse d'un même amour tous les enfans de notre chère patrie. Mais les révolutions qui s'effectuent par le sang, le pillage, l'oppression et la ruine d'un peuple inoffensif, ces révolutions-là, Monsu, foi d'oncle Jacques, nous en avons peur, nous n'en voulons pas, non. Nous volerions tous à la frontière pour les combattre et leur dire : « On ne passe pas !... » Si, accablés par le nombre, les armes se brisaient dans nos mains. Eh ! qui sait si Dieu ne nous donnerait pas la force de renverser nos montagnes sur ces oppresseurs d'un nouveau genre. Vous dites, Monsu, que *si vous vouliez nous parler de notre situation politique, vous pourriez nous donner des conseils dont notre bon sens connaîtrait la prudence et l'opportunité.* Dans son bon sens natif, tout campagnard, oncle Jacques répondra que la situation politique de la Savoie n'a rien que de très satisfaisant ; pour croire qu'il en soit autrement, il faudrait nier la lumière en plein soleil, ou se résigner à jouer le rôle bouffon de malade imaginaire : ces emplois de comédie ne vont point au caractère sérieux et fier des Savoisiens. Oncle Jacques, Monsu, ne reconnaît ni la prudence, ni l'opportunité de vos conseils, et il vous prie de les tenir en réserve pour quand la Savoie en aura besoin ; mais, surtout, pour quand elle vous les demandera ; ce qui arrivera tard, oncle Jacques l'espère. La réponse de l'illustre Lamartine à un certain discours qui n'a été ni l'expression de nos sentimens, ni de ceux de nos frères à Paris, mais bien les sentimens de quelques petits ambitieux en herbe dont oncle Jacques se dispense de vous dire les noms, bien persuadé que vous les connaissez mieux que lui, n'a pas été telle que vous la rapportez dans votre très longue lettre. Voici la vraie réponse : « Si la carte de l'Europe était déchirée, il est tout probable, citoyens savoisiens, qu'il en resterait un lambeau dans vos mains et dans celles de la France. » Un membre de la députation s'écria : Plus de barrières ! « Plus de barrières pour les progrès de l'humanité et la fraternité des peuples, » ajouta le citoyen Lamartine. Franchement, Monsu, oncle Jacques ne voit pas comment vous pouvez trouver l'indice d'une prochaine incorporation dans des paroles si pacifiques ; s'il y avait doute pour vous, oncle Jacques pourrait les dissiper volontiers en vous disant qu'il sait de bonne source que quelques démarches ont été faites auprès de deux ministres français, au sujet d'une éventualité. Il fut répondu à ces ambassadeurs, sans mission autre que celle de leur ambition particulière, bien entendu : que, bien même que Charles-Albert consentirait à l'abandon de la Savoie, on ne pourrait l'accepter, que la politique de la France était de respecter toutes les nationalités. Voilà, Monsu, la parole française que nous avons accueillie avec des transports de joie, n'en déplaise à votre vieux patriotisme. Il est regrettable pour oncle Jacques et pour tous ceux qui s'intéressent au bien-être matériel de la Savoie, que *votre temps ne vous permette pas d'étaler à nos yeux les fabuleux avantages que nous aurions à devenir Français*, il croit sans peine aucune que le temps vous a manqué ; car il en faudrait beaucoup, énormément, pour prouver ce qui n'est pas susceptible de l'être. Comment ! vous aussi vous dites comme M. Guizot, que plus un peuple paye d'impôt, plus heureux il est ? Hélas ! oncle Jacques le dit, à sa confusion sans doute, mais il a toujours cru le contraire. Vous-même ne paraissez pas bien convaincu de cette félicité, puisque quelques lignes plus bas vous faites ressortir comme un grand avantage que la République a promis la réforme des impôts. Sous l'Empire, oncle Jacques payait quarante francs d'impositions, sans compter les réquisitions trop fréquentes. Depuis que nous avons été arrachés de la France, moins violemment que quelques esprits infatués l'ont dit naguères, oncle Jacques, ayant toujours le même champ, ne paie que vingt à vingt-deux francs par année ; mais, direz-vous, vous n'avez jugé du régime français qu'en temps de guerre, en temps de paix vous auriez moins payé. Monsu, oncle Jacques, dans sa bonne foi, s'est fait à lui-même cette question, et pour en avoir le cœur net, il s'est informé à bonne source si la restauration, si le gouvernement de juillet, qui ont joui des bienfaits de la paix, avaient réduit les charges publiques. Hélas! Monsu, oncle Jacques en est fâché pour vous, pour vos amis politiques et plus encore pour les contribuables français; mais il lui a été prouvé comme deux et deux font quatre, que les impositions avaient constamment été augmentées sous l'un et l'autre de ces gouvernemens, *quoique en temps de paix*. En Savoie, l'impôt varie si peu, que l'avenir ne nous donne aucun souci, grâce à l'ordre, à l'économie, et surtout à la probité de nos gouvernans, Monsu; mais en France, le budget est semblable à l'avalanche qui roule et grossit toujours. Vous dites qu'un des premiers décrets de votre jeune république est celui de la réforme des impôts? En se faisant lire ce décret, oncle Jacques éprouvait dans le cœur quelque chose de doux, qui fait du bien, comme quelqu'un qui dirait : ça rafraîchit. Mais quelle fut sa fatale erreur, lorsque, sur le même journal, un peu plus bas, on lui lut un autre décret qui augmentait presque du double les impositions! Oncle Jacques ne sait quoi dire ni quoi penser de cette anomalie singulière de votre jeune république, il n'est pas seul pour n'y rien comprendre, Boniface y a réfléchi aussi, ni lui, ni oncle Jacques n'ont pu comprendre que réformer les impôts augmentait les impositions; tous deux ont pensé, en conséquence, qu'il serait peut-être préférable, pour obtenir la réforme des contributions, d'augmenter les impôts? Dam! prendre le rebours du bon sens est peut-être l'unique moyen d'atteindre le but que se propose la République. Qu'en pensez-vous, Monsu?

Vous voulez donc qu'il y ait en Savoie force gens aux idées rétrogrades, et que vous qualifiez peu gentiment d'*oiseaux de nuit offusqués par la lumière*. Votre langage, Monsu, est celui de tous les ultra-libéraux : quiconque ne sent, ne pense, ne voit pas comme eux, est taxé de rétrograde, d'esprit sans portée ; quiconque n'aime pas voir la liberté s'embéguiner d'un bonnet rouge, est l'objet d'une pitié dédaigneuse ; quiconque préfère la liberté née dans son pays à la liberté importée de l'étranger, est selon eux *dans la lune de miel d'une constitution monarchique :* là encore un soupir. Mais, Monsu, pour peu que votre liberté de février tienne à la dignité de son nom, elle ne doit pas consentir à être colportée de foire en foire, de pays en pays, comme de l'orviétan; non, ce serait humilier son caractère. Qu'on ne l'obsède pas, qu'on ne lui fasse pas entreprendre de longs ni même de courts voyages ; plus d'un départ fut sans retour ; laissez-la en repos ; c'est le moins que vous puissiez faire que de laisser libre la liberté.

Pour que la liberté fasse le bonheur d'un peuple et qu'elle soit de qualité viable, il faut qu'elle naisse et croisse en plein air, à plein soleil, comme la violette autour de nos chalets. Oncle Jacques n'aime pas les fruits que l'art fait pousser en hiver ; ils n'ont ni coloris ni saveur. Laissez donc au temps le soin de produire les fruits de la civilisation, ne faites pas éclore ni mûrir les progrès de l'humanité par la chaleur de la poudre à canon ! Cette production, aussi sauvage qu'indigeste, porterait malheur à votre jeune république, et si feu sa mère a été étouffée dans les bras d'un soldat, aux acclamations du monde et du peuple français lui-même, c'est pour avoir ignoré ou méconnu cette vérité. Monsu, votre lettre est remplie de conseils que nous ne suivrons pas, parce qu'ils ne s'harmonisent ni avec nos convictions ni avec les intérêts généraux de la Savoie. Mais, que n'écrivez-vous, ne proclamez-vous que le temps de la force brutale est passé, que Dieu maudit trois fois le peuple qui s'empare d'un voisin faible. Que n'écrivez-vous, ne proclamez-vous que vous ne voulez, que nous ne devons vouloir personne, ni domination, ni incorporation française? Que n'écrivez-vous, ne proclamez-vous que, si notre pays était détaché du Piémont, il ne devrait alors songer qu'à une chose : rester libre et non se donner un maître, quel qu'il soit. Si vous teniez un semblable langage, vos paroles ne seraient pas sans écho, oncle Jacques et tant d'autres crieraient de toute la

force de leurs poumons : Mes amis, mes frères, restons nous-
mêmes, restons à nous et pour nous seuls ; soyons Savoisiens,
soyons libres comme la brise qui se joue dans nos collines,
comme l'air vif et pur qui siége sur nos milliers de hautes
montagnes ; imitons nos braves et bons voisins de la Suisse,
qui, depuis tant de siècles, vivent heureux et libres. Si tel était
votre langage, nos acclamations auraient été vous saluer au
fond de la Provence; la France elle-même vous aurait applaudi;
car ce noble pays ne voudrait pas nous imposer à lui malgré
nous, non, oncle Jacques en est mille fois certain ; non, il ne
voudrait pas abuser de sa force pour commettre une injustice
qui ternirait sa vieille réputation de loyauté dans l'estime d'un
peuple ; non encore. La France a trop maudi les spoliateurs de
la Pologne pour commettre elle-même un crime en tout semblable, et dont elle vient se proclamer l'inexorable vengeur. Si
la question du Milanais amène un nouvel équilibre européen,
et que, si nous étions séparés du Piémont, le cœur paternel du
roi Charles-Albert souffrirait moins de voir la Savoie devenir
état indépendant plutôt que de la voir disparaître dans le sein
d'un autre pays. Les puissances européennes verraient dans
l'érection, ou, pour mieux dire, dans la conservation de notre
indépendance, un gage de sécurité et de paix. Notre pays serait heureusement placé entre l'affection de son ancien roi et
l'amitié de la France. La prospérité, le repos et le bonheur de
la Savoie seraient aussi certains que durables.

Voilà, Monsu, les sentimens qu'il serait beau de nourrir
dans son cœur et de faire partager à ses concitoyens, et non
de leur donner le coupable conseil d'*accueillir fraternellement
de nombreuses cohortes* qui viennent pour les asservir. Quoi,
Monsu, vous vantez votre patriotisme, et vous voulez rayer
de la carte de l'Europe le nom de votre pays? Quoi, vous ido-
lâtrez votre patrie, et vous hâtez par des vœux sacriléges
l'heure de son agonie, le moment de sa mort!... Vous lui té-
moignez votre dévoûment et votre amour..., puis, d'une main,
vous soulevez la pierre sépulcrale de sa tombe, et de l'autre
vous lui faites signe d'y descendre!...Ce renversement d'idées,

de sentimens, fait bouillonner d'une douloureuse colère tout le sang d'oncle Jacques! Il est vrai que vous vous dites aussi l'enfant de la France. Mais, Monsu, oncle Jacques vous le demande, comme avocat et docteur en droit, ignorez-vous qu'on ne peut être à la fois citoyen de deux pays, pas plus qu'on ne peut-être à la fois le mari de deux femmes légitimes ? Si vous aviez des doutes à cet égard, vous pourriez vous renseigner auprès du citoyen Crémieux, qui vous édifierait en mettant sous vos yeux une correspondance toute récente qu'il a eu à ce sujet avec un haut personnage anglais. Mais, vous le savez très bien, Monsu, un enfant n'a pour mère que la femme qui l'a mis au jour, et pour patrie que la terre où lui et ses parens sont nés. Du moment qu'il obtient des lettres de naturalisation d'un pays étranger, il en devient l'enfant, et, par cet acte, il devient étranger à son propre pays, son nom est retranché du nombre des citoyens.

La nature, qui a doué les Savoisiens de tant de précieuses qualités, leur a refusé en général les vrais sentimens du patriotisme. Beaucoup partent pour l'étranger, s'y enrichissent, et même quelques uns s'y illustrent; mais peu conservent un sincère attachement pour leur pays. Ils en adoptent un autre sans plus de façon que s'il s'agissait pour eux de changer un habit ou un chapeau qui n'est plus de mode, pour un autre qu'ils croyent de meilleur goût : ils ne considèrent plus la Savoie à la hauteur de leurs mérites personnels, ils la renient avec une faiblesse d'âme, une pauvreté de cœur qui affligent oncle Jacques. Cette indifférence, cette ingratitude, ne datent pas de nos jours : Il y a près d'un siècle, Jean-Jacques Rousseau, faisant l'éloge d'un de nos compatriotes, disait : *Il était patriote quoique Savoyard*. L'exception que signalait le citoyen de Genève est vraie encore aujourd'hui, à en juger par l'empressement joyeux qu'un grand nombre de nos compatriotes de Paris mettent à solliciter le titre de citoyen français. Aveugles qu'ils sont! ils ne voyent donc pas qu'en trafiquant de leur pays, ils jouent non à la hausse, mais à la baisse de leur honneur !... Ah! si jamais la coupable pensée d'abjurer sa patrie venait à oncle Jacques, il croirait entendre frémir, s'indigner dans leur tombe, la poussière de ses ancêtres. Mais, Dieu merci, oncle Jacques ne sera jamais citoyen de deux patries, non, jamais! Et lorsqu'il fera des vœux de prospérité, de gloire et de bonheur pour son pays, il ne se demandera jamais : Lequel ? Il n'en a qu'un : la Savoie. Tenez pour certain, Monsu, que le bon sens n'est point chose rare parmi nos concitoyens ; la plupart d'eux se souviennent encore ce qu'a coûté à leur pays la domination française ; non seulement tout le fruit des sueurs du laboureur allait dans la caisse de l'État, mais encore il était obligé de grever son champ ou de le vendre, pour se soustraire à l'insolence d'un garnisaire. Se voir constamment mener à une ruine inévitable était affligeant pour lui, mais se voir arracher des bras, un à un, ses enfans, pour ne les plus revoir, était chose horrible ; il se souvient de cela, et n'est point disposé à refaire l'essai d'un régime désastreux que vous préconisez avec trop de complaisance. Oncle Jacques finit là sa réponse, Monsu, en priant Dieu qu'il protége la liberté et l'indépendance de son pays, que cette indépendance et cette liberté soient aussi impérissables que les gigantesques montagnes, les rochers escarpés et les vallées riantes et fleuries parsemés sur son sol. Vive son gouvernement constitutionnel!... sinon : Vive la Savoie État libre!!! Mais pas de France, ça coûte trop cher.

En terminant, oncle Jacques aime à vous dire, Monsu, que ses attaques ne portent que sur vos opinions et nullement sur votre personne, pour laquelle il a la plus grande déférence, la considération la plus haute et la plus méritée.

Ne sachant signer, Oncle JACQUES appose sa †.

B. F. A.

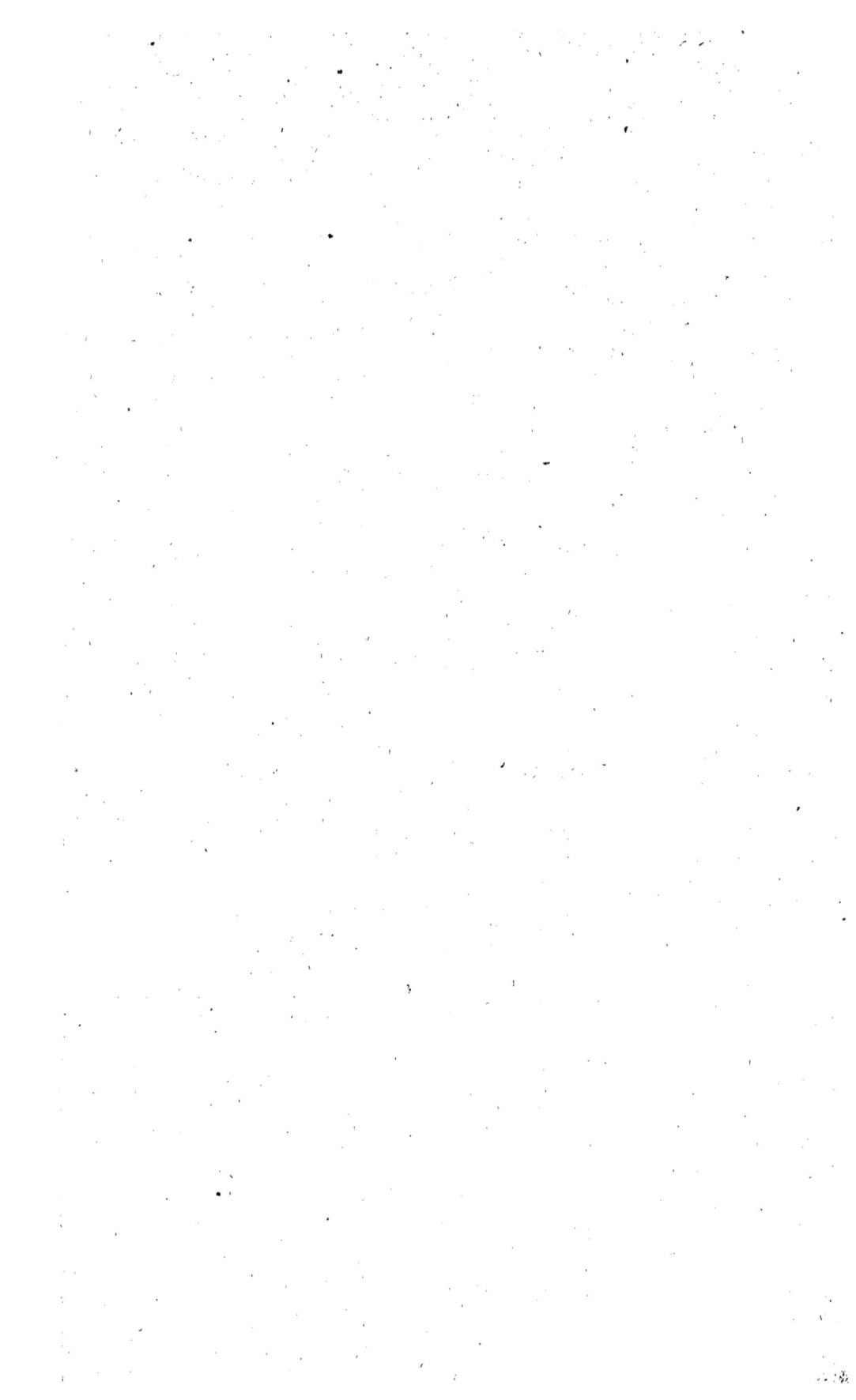

www.ingramcontent.com/pod-product-compliance
Lightning Source LLC
Chambersburg PA
CBHW061812040426
42447CB00011B/2613